L'HERMITE DE SAINT-JEAN

OU TABLEAU

Des Fêtes marseillaises, lors de l'arrivée et durant le séjour de S. A. R. Madame, Duchesse d'Angoulême, à Marseille.

N° 8.

Arrivée de S. A. R. à Aix, le 19, à midi moins un quart, au milieu des transports de la plus vive alégresse. — Réception des Autorités. — Inauguration de la statue du Roi René. Discours de M. le Comte de Villeneuve, Préfet, à l'occasion de cette cérémonie. — Les jeux de la Fête-Dieu et la troupe des diables défilent devant Madame. — Après le dîner, S. A. R. va au spectacle et y reste jusqu'à dix heures. — Le lendemain 20, à huit heures du matin, Madame part pour Nîmes. — Son arrivée à Orgon et à Tarascon. Cette dernière ville célèbre, en sa présence, les jeux, institués par le Roi René, représentant les courses de la Tarasque et de l'Eturgeon. — Passage du Rhône, par Madame, à 4 heures du soir.

Le même enthousiasme qui avait éclaté à Marseille, durant le séjour de S. A. R., s'est renouvelé lors de son arrivée à Aix. Si depuis son départ de la ville *excellente* et *fidèle*, son voyage n'avait été qu'une véritable marche triom-

ɪ

phale, la population entière de cette dernière ville et des villages circonvoisins a témoigné, par ses cris de joie et ses transports, qu'elle était digne de saluer et de bénir l'auguste Princesse dont les traits chéris lui représentaient l'image fidèle d'un père et d'une mère devenus trop grands par leurs malheurs et leurs vertus, pour n'être déjà qu'immortels. Je dois rappeler ici un trait historique qui honore les Provençaux, et qui signale avec éclat leur royalisme bien avant l'époque de la restauration. En effet, le même concours de spectateurs et les mêmes acclamations avaient déjà eu lieu, sur la grande route de Marseille à Aix, le 12 mai 1812, lors du passage de S. M. l'infortuné Charles IV, que l'amour trop ostensible des Marseillais avait fait réléguer à Rome, dans la saison du *mauvais air*, par l'homme qui, occupant le trône des Bourbons, avait conçu un si ombrageux effroi de ce premier hommage public rendu à la royauté légitime par les habitans d'une ville populeuse et si voisine de Toulon, où l'on sait que, dès l'année 1793, le jeune et malheureux Louis XVII avait été proclamé, par l'influence des commissaires courageux qui, envoyés par les sections de Marseille, avaient rempli, auprès des braves Toulonnais et des escadres réunies, avec tant de zèle et de succès, leur honorable et si périlleuse mission.

Cependant une foule innombrable s'était rendue, dès le matin neuf heures, à la Rotonde et sur les hauteurs qui longent le chemin d'Aix à Marseille, pour voir arriver S. A. R. La garde nationale à cheval avait été jusqu'aux limites du territoire. M. le Préfet, M. le Secrétaire général de la préfecture, M. le Sous-Préfet, M. le Maire et le Conseil municipal l'attendaient sous un arceau de verdure, hors de la porte de la ville. La garde nationale et le dépôt du 29ᵉ régiment de ligne bordaient la haie. Vingt-un coups de canon ont annoncé l'arrivée de S. A. R. et excité le délire de la plus bruyante alégresse parmi une immense population, qui ne cessait de faire entendre les cris de *vive le Roi! vive MADAME! vivent les BOURBONS!* MADAME a paru sensible à l'expression si unanime et si éclatante de ces affectueux sentimens, et a daigné en témoigner plusieurs fois sa satisfaction à M. le Maire. Elle a fait son entrée dans la ville, au milieu des plus vives acclamations, sur une calèche découverte que lui avait offerte M. le Maire ; et depuis la Rotonde jusqu'au palais archiépiscopal, où elle a été reçue par Mgr. l'Archevêque, toutes les rues étaient ornées de drapeaux blancs, de tentures blanches, de guirlandes de fleurs et de verdure. Qu'on se représente le coup-d'œil enchanteur et ravissant qu'a dû offrir à MADAME ce cours si spacieux au sein d'une grande ville, si remarquable, en outre, par ses arbres antiques et la magnificence des nombreux hôtels qui l'entourent, ayant servi de promenade aux anciens Souverains de la Provence, qui, pendant plusieurs siècles, avaient fixé leur demeure à Aix, quoique Rois d'autres états très-florissans. Ce beau spectacle était encore embelli par les cris de joie, et les salutations que faisaient entendre ces milliers de spectateurs répandus sur cette vaste place toute couverte, pour ainsi dire, depuis tant de siècles, de la noble poussière qu'y avaient laissée tant de preux chevaliers, ces héros magnanimes de la vieille fidélité provençale, dont la gloire et le nom remontent au berceau de la monarchie, et aux premiers âges de la civilisation française.

Toutes les autorités religieuses, judiciaires,

civiles et militaires ont été reçues une heure après l'arrivée de MADAME; elle a daigné agréer les présens d'honneur de la ville, offerts par M. le Maire. De jeunes demoiselles lui ont présenté des fleurs, et la fille de M. le Maire a eu l'honneur de complimenter S. A. R. A deux heures précises, MADAME est sortie de son palais en calèche découverte, accompagnée des personnes de sa suite, de M. le vicomte de Briche, Lieutenant-général, commandant la 8ᵉ division, de M. le Préfet, de M. le Maire et ses Adjoints, et escortée d'un nombreux détachement de la garde nationale, et de la gendarmerie à cheval. Elle a visité d'abord la métropole, édifice vraiment majestueux et digne d'admiration par son architecture et sa vénérable antiquité. MADAME priant aux pieds des autels consacrés par les premiers Pontifes de l'église chrétienne, débarqués sur les côtes de Provence, et successeurs immédiats des Apôtres, semblait, dans cet instant, se rapprocher bien plus près du Ciel par la chaîne sacrée qui unit tous les Bourbons au Roi Saint Louis, que dans tout autre temple nouvellement édifié. Son auguste présence a porté la consolation et le bonheur parmi les malades de l'Hôtel-Dieu, et après avoir visité le petit séminaire de St.-Louis, et le cabinet de M. Revoil, son peintre, S. A. R. s'est rendue sur le Cours, où elle a bien voulu assister à l'inauguration du monument élevé par la ville et le département au Roi René d'Anjou, comte de Provence. S. A. R. MADAME descend, par son auguste mère, de Iolande d'Anjou, fille de René et épouse de Ferry de Lorraine; et comme René comptait parmi ses aïeux Charles, frère de Saint Louis, il y a évidemment double parenté entre le Souverain honoré en ce jour et la Princesse dont la présence formait le plus bel ornement de cette fête vrai-

(5)

ment provençale ; circonstance remarquable et propre à donner un nouveau degré d'intérêt au récit que nous avons cru devoir en faire.

C'est à l'occasion de cette intéressante cérémonie, que M. le comte de Villeneuve, Préfet, a prononcé le discours suivant :

MADAME,

Le jour où la ville d'Aix a le bonheur de posséder V. A. R, est, sans contredit, l'un des plus beaux qu'elle puisse consacrer dans son histoire déjà si riche en souvenirs. Cette antique cité méritait une telle faveur par la joie si pure, si touchante, si unanime qu'elle fit éclater à la restauration des enfans de Saint Louis sur le trône de leurs pères ; par la courageuse et inébranlable fidélité qu'elle leur conserva au jour des épreuves ; par le dévouement dont elle n'a cessé et ne cessera jamais de faire la plus honorable profession ; enfin, par tous les sentimens qu'elle éprouve et fait éclater devant la fille de nos Rois, venant combler les vœux d'une population digne de fixer ses regards, parmi tant de villes rivales, en ce moment, de respect et d'amour.

Mais, lorsque V. A. R. veut bien présider à l'inauguration d'un monument élevé à la mémoire d'un des meilleurs Princes qui aient régné sur la Provence, avant sa réunion au royaume des Lis, sa présence jette, sur cette intéressante cérémonie, un éclat dont nous n'osions concevoir l'espérance, et dont bien moins encore nous essayerions de peindre l'effet sur des âmes profondément émues d'un tel concours de circonstances.

Le Prince qu'après plus de trois siècles nous connaissons encore dans nos villes, comme dans nos hameaux, sous le nom du *bon Roi René*, est pour la Provence ce qu'est *Henri IV* pour le Béarn, et ce que ce monarque devint ensuite pour le reste de la France. Comme lui et comme le Roi que la Providence nous a rendu, comme V. A. R., et comme tout ce qui porte le nom de Bourbon, René d'Anjou, Roi de Naples et de Sicile, était issu du sang de Saint Louis, et nos pères, en l'aimant comme le meilleur des Rois, étaient ainsi les instrumens de cette Providence qui a voulu que l'éternelle union des Français à l'auguste famille de nos Rois triomphât à jamais de tous les efforts par lesquels le crime essayerait de briser ce faisceau sacré.

Le nom de René, Madame, se trouve honorablement lié à tout ce qui se fit de remarquable pendant près de soixante années du quinzième siècle, si fécond en grands événemens : combattant à côté de l'héroïne d'Orléans, ses drapeaux furent toujours ceux de la France ; brave et loyal, généreux et franc, plein de dignité et de résignation lorsque la fortune trahit ses armes, des principes religieux constamment pratiqués lui offraient des consolations dans les malheurs politiques, dans les traverses que lui suscitèrent des ennemis puissans et dangereux ; dans les chagrins intérieurs auxquels il fut en butte pendant sa longue carrière. En même tems que les sciences, les lettres et les arts furent pour lui un délassement utile, il encouragea l'agriculture, le commerce et l'industrie, et encore aujourd'hui nous jouissons de plusieurs cultures qu'il naturalisa dans ses états : toujours occupé du bien-être de ses peuples, il leur donna des lois, monumens impérissables de sa justice, de sa bonté, de ses lumières, de son désir de faire régner les bonnes mœurs, et de sa charité envers les pauvres : tout, jusqu'à ces fêtes singulières dont il fut l'ordonnateur en même tems que l'historien, et qui, renouvelées devant vous, MADAME, vous rappelleront quelques traits d'un siècle à-la-fois religieux et chevaleresque, tout concourt à rendre sa mémoire chère aux habitans de ce pays, et V. A. R. sera témoin des transports qu'excite, dans la ville qu'il habita si long-tems, la vue de son image révérée.

C'est ainsi, MADAME, que nous savons aimer nos Princes : notre amour pour le bon Roi René s'est encore accru de celui que nous portons à la maison de Bourbon, qu'il aimait lui-même et à laquelle il était si digne d'appartenir.

Le Roi LOUIS XVIII, qui visita la Provence lorsque S. M. en portait encore le nom ; S. A. R. MONSIEUR, dont le voyage suivit de si près la restauration, et qui se fit adorer des bords de la Durance aux rives de la Méditerranée ; votre auguste Epoux, auquel ce département eut plus d'une fois le bonheur d'offrir ses hommages et ses services ; la jeune et déjà si grande Princesse dont les premiers pas en France furent marqués sur cette terre, et qui apprendra à son fils qu'une génération se forme ici pour l'aimer, et pour le défendre s'il en était besoin ; tous nos Princes, MADAME, savent qu'ils peuvent compter, à la vie et à la mort, sur les fidèles et bons Provençaux..... Rien ne manque à leur bonheur, puisque V. A. R. daigne accueillir des hommages, des vœux qui sont portés à leur comble en cette solennité mémorable, qui laissera dans nos cœurs des impressions non moins profondes que les sentimens voués au bon Roi dont le monument va s'élever sous vos auspices, à ce bon René dont l'âme tressaille dans le séjour éternel, de ce qu'on fait pour honorer sa mémoire, de la bonté avec laquelle MADAME daigne y prendre part, et de la certitude que les enfans de ces fidèles serviteurs qu'il affectionna tant pendant sa vie, sont toujours dignes de leurs pères.

Vive le Roi !
Vive MADAME !
Vive la Famille Royale !

Aussitôt après cette inauguration, les jeux chevaleresques et religieux, imaginés par le bon Roi René, et connus sous le nom de *Jeux de la Fête-Dieu*, ont défilé devant MADAME; et l'on a vu avec plaisir cette Princesse sourire, lorsque la troupe des diables, avec son grotesque accoutrement, a exécuté ses danses accoutumées. De retour à son palais, S. A. R. a daigné admettre à sa table Mgr. l'Archevêque de Bausset, M. le Lieutenant-général commandant la division, M. le Préfet, M. le Colonel de la gendarmerie, M. le Sous-Préfet, M. le Maire, Mme la Comtesse de Villeneuve, Mme de Coriolis, épouse de M. le Sous-Préfet, Mme du Bourguet, épouse de M. le Maire, M. le Marquis de Montaigu, Colonel de la garde nationale, et les principaux fonctionnaires. Après le dîner, S. A. R. a reçu les dames, et, à huit heures, elle s'est rendue au théâtre, où elle a resté jusqu'à la fin du spectacle. Sa présence y a excité un si vif enthousiasme, que chacun aurait pu croire être encore au théâtre de Marseille.....

Le 20, MADAME est partie à huit heures du matin, après avoir entendu la messe à la chapelle du palais archiépiscopal. Le corps municipal l'a accompagnée jusqu'au-delà des portes de la ville. La garde nationale et la troupe de ligne bordaient la haie. C'est au moment de son départ que MADAME, s'adressant à M. le Préfet, à MM. les Maires d'Aix et de Marseille, et aux divers fonctionnaires du département, qui étaient réunis auprès d'elle, leur a dit, d'une manière très-affectueuse : *Je suis fort sensible à l'accueil qui m'a été fait dans le département des Bouches-du-Rhône, et j'en conserverai toujours le souvenir.* Les mêmes acclamations qui avaient éclaté lors de l'arrivée de MADAME se sont renouvelées à son départ, et l'instant où elle s'est dérobée aux regards de tous les spectateurs, si avides de contempler ses augustes traits, a été pour tout le monde celui d'une douloureuse émotion, car chacun pouvait dire de lui-même : *le bonheur a été d'un jour, et les regrets seront de toute la vie.*

Les Muses provençales, si bien cultivées par nos anciens Troubadours, et par René lui-même, ne pouvaient rester muettes dans cette mémorable circonstance. Participant à la joie publique, elles ont chanté les Bourbons ; et nos lecteurs liront sans doute avec autant de plaisir que la Princesse en a eu à les entendre, les couplets que M. Diouloufet, l'un des plus aimables et des plus gais de nos poètes provençaux modernes, a composés d'inspiration pour être chantés, par les jeunes paysannes d'Aix, à S. A. R., en lui présentant un bouquet.

AIR : *Si des galans de la ville.*

Que de plesir, d'alegresso,
De tout caire resclantit ;
Viam nouestro bello Princesso,
Ah ! coumo aquo rejouit.
Aussi degun n'es en resto,
Tout saouto et canto dins Ai,
Jamai plus poulido festo
Ni plus poulit mes de mai.

Qu'es que poudem dire et faire
Per li prouva nouestre amour?
Sabem pas naoutres, pecaire!
Lou beou parlar de la cour.
Aguem pourtant bouen couragi
Et Dieou nous ajudara. . . . .
Deis couers parlam lou lengagi
Et lou siou nous entendra.

Lorsqu'en fielant nouestro fuado
Aou fugueiroun de l'hiver,
Nouestreis grans, à la veillado,
Nous dien tout ce qu'a souffert;
Ah! siam touteis trebouladós,
Et leou leou venoun leis plours. . . . .
Aou Temple siam en pensado
Et partageam seis doulours.

Mai chassem de la memori
Tout ce que poou far gemir;
Car hui es un jour de glori
Et de festo et de plesir.
Vite, sus vouestre cadanço,
Troubadours, fes de cansouns,
Cantas l'angi de la Franço
Et la filho deis Bourbouns.

Despiey qu'ello es arribado,
Tout creisse, tout luse au champ,
Gazoun, prats, flous, valounado,
Tout es plus beou et riant;
Deis roussignoous lou ramagi
Es millo fes plus toucant,
Dirias que tout rende ooumagi
A la Damo qu'adouram.

Qu rit, qu plouro de joyo,
Leis couers durs devenoun mouis,
L'y a plus de goy ni de goyo,
Tout courre coumo de fouis;
Vesem dansar nouestreis maires;
Tout es hurous, tout es gai,
Nouestreis braveis calegnaires,
Semblo que nous amoun mai.

Leis ventus siegoun seis piados,
Ello es tout couer, tout bountat,
Et poou coumptar seis journados
Per seis actes de benfat;
Et l'infer, maugra sa ragi,
Quand aquel angi parei,
Tremouelo, li rende ooumagi
Et crido : Vivo lou REI !

Ciel ! proutegeo la campagno
D'aqueou bouen Duc, seis amours,
Que revengue leou d'Espagno
Cubert de glori et d'hounours;
Matin et sero, MADAMO,
Naoutres jamai l'ooublidam,
Et pregam de couer et d'amo
Per lou Prince qu'amam tant.

Vous oouffrem, bello Princesso,
Aquello flous qu'adouram,
Amour, respect, alegresso,
Eme l'hielli tout mesclam,
Roumaniou, faligouletto,
Un paou de tout eici l'y a;
La plus bello pastouretto,
Oui, poou douna que ce qu'a.

Sur toute la route d'Aix à Orgon, MADAME a
reçu les hommages respectueux et les félicita-
tions d'une multitude innombrable qui s'y était
rendue des villages voisins, pour saluer l'auguste
fille adoptive de l'ancien Comte de Provence,
dont le voyage dans cette contrée est encore si
riche dans l'esprit du peuple en doux souvenirs,
et dont la mémoire est si fidèle, qu'aujourd'hui
même le Roi sur son trône se rappelle encore
tous les *dictum* populaires qui lui ont été
adressés comme Prince, il y a plus de qua-
rante-cinq ans.

L'élan d'enthousiasme des habitans de la petite
ville d'Orgon, à l'arrivée de S. A. R., n'est compara-
ble qu'aux sentimens exprimés, en sens contraire,

au mois d'avril 1814, à la personne même de l'exilé à l'île d'Elbe. Ces deux époques doivent être notées avec soin dans les fastes de l'histoire. Ainsi on a vu une petite ville se charger elle seule d'être publiquement l'interprète de la réprobation générale de la France vis-à-vis l'homme du malheur; et aujourd'hui c'est à l'Ange tutélaire des Français que cette même ville adresse des vœux si ardens et si affectueux, qu'on ne conçoit pas que rien puisse jamais les surpasser, lorsqu'il s'agira de la manifestation de pareils sentimens.

Je ne pourrai, sans doute, donner des détails plus circonstanciés et plus authentiques sur le passage de MADAME à Tarascon, et sur l'enthousiasme qu'y a excité son arrivée, qu'en les empruntant à la relation officielle qui a consacré cette immortelle journée au souvenir et à l'amour de tous les Tarasconnais.

Le 19 mai au matin, veille de l'arrivée de la Princesse, le corps des tambourins et celui des tambours de la garde nationale, ont annoncé cette heureuse journée, attendue depuis si long-tems. A midi, la publication de la fête a eu lieu; un cortége composé du Maire, du corps municipal et des notables a traversé la ville, et les cris de *vive le Roi! vive MADAME!* se sont fait entendre de toutes parts. Le soir à sept heures, le son des cloches et une salve d'artillerie annoncèrent les fêtes, et immédiatement après M. le Maire, accompagné du conseil municipal, se rendit sur la place des Casernes, où il fut allumé un feu de joie au milieu des cris de *vive le Roi! vive MADAME!* répétés par toute la population. Les réjouissances publiques, les farandoles qui avaient commencé dès le matin, ne furent terminées qu'à onze heures du soir. Le 20 mai, à quatre heures du matin, une nouvelle salve de 21 coups de canon, le son des cloches, les tambours, les tambourins et la cornemuse annoncèrent la fête. Les maisons et les édifices publics furent spontanément pavoisés de drapeaux blancs; les maisons et les rues des faubourgs qui devaient être traversés par S. A. R. étaient toutes tapissées en blanc et en verdure, surmontées d'emblèmes qui ne respiraient qu'amour pour les **Bourbons**. Un arc de triomphe avait été élevé sur le grand chemin, en face des Casernes; on y lisait quatre inscriptions toutes plus ou moins expressives des sentimens de cette cité fidèle. La seconde était ainsi conçue, et s'adressait aux deux illustres époux :

> Elle est le soutien du malheur,
> Il est l'ami de la victoire;
> Elle vit pour notre bonheur,
> Il triomphe pour notre gloire.

Sur la porte de la maison de la Charité, on voyait le quatrain suivant :

> Depuis qu'une autre Providence
> Ouvre au malheur sa secourable main,
> Dans les réduits de l'indigence
> Il n'est plus un seul orphelin.

Depuis 9 heures du matin, plus de vingt mille âmes et tous les fonctionnaires publics étaient réunis sur la place des Casernes. Une heure sonne, et l'instant si désiré s'approche, la voiture de S. A. R. est aperçue au loin sur la grande route; aussitôt la foule se livre aux transports de la joie la plus vraie, d'une véritable joie provençale, et les cris de *vive le Roi!* partaient de tous les cœurs. La voiture arrive à l'arc de triomphe, elle s'arrête et les cris de joie se renouvellent. Le silence se rétablit un moment, et M. le Comte de Barrême, Sous-Préfet, ancien Maire de Tarascon, adresse à S. A. R. le discours suivant :

Madame ,

«Les fidèles sujets habitans du 3me arrondisse-
ment du département des Bouches-du-Rhône vien-
nent déposer aux pieds de V. A. R. l'hommage
respectueux de leur ardent amour et de leur pro-
fonde reconnaissance pour la faveur inestimable
qu'elle daigne leur faire en ce jour. Rien ne
manque plus à leur félicité, et rien ne saurait
surpasser leur joie ; il leur est enfin donné de
contempler les traits chéris de l'auguste fille de
leurs Rois, de l'Ange tutélaire de la France, de la
compagne du héros du midi, du Prince magna-
nime qu'ils suivirent au pont de la Drôme aux
jours de l'adversité.

» Occupé maintenant à une nouvelle gloire, il
manque à leur bonheur ; mais V. A. R. daignera
sans doute lui dire l'alégresse et l'enthousiasme
de ses fidèles Provençaux, et les vœux ardens
dont ils l'accompagnent au champ d'honneur, à
la seule guerre digne de son grand cœur, le
raffermissement des trônes et le repos de l'univers.»

Ce discours fut suivi de celui de M. Martel,
adjoint à la Mairie, en absence de M. de Cadillan,
Maire, retenu à Montpellier pour cause de ma-
ladie :

Madame ,

« La présence de V. A. R. comble les vœux
des habitans de cette ville. Pour la célébrer,
nous allons demander au Ciel la conservation des
jours et le succès des armes de votre illustre
époux. Nos prières auront bien plus d'efficacité
si V. A. R. daigne y joindre les siennes. »

Au même instant, M. le Maire, pour faire
connaître à la Princesse que cette cité avait donné,
dans tous les tems, des preuves de son dévoue-

ment à l'auguste famille des Bourbons, a remis à S. A. R. une expédition de la délibération prise par le conseil municipal de cette ville, le 20 mars 1815, portant offre de 30,000 francs, pour subvenir aux besoins du bataillon fourni par cette ville à l'armée de S. A. R. Mgr. le Duc d'Angoulême sur les rives de la Drôme. Cette délibération est trop honorable et annonce un si beau dévouement à une époque si critique, pour que les noms des courageux citoyens qui exposèrent leur vie et leur fortune, en la signant le jour-même où le palais des Tuileries, envahi par l'usurpateur, était devenu pour la seconde fois veuf de son Roi légitime, ne soient pas transcrits ici pour être consacrés dans les fastes de la monarchie, et voués à une glorieuse célébrité. Votans et signataires : *le Comte de Barrême*, Maire, *le Comte de Laudun, Alexandre de Leautaud, le Marquis de Gras de Préville, Toinon de Marin*, tous les quatre chevaliers de St.-Louis ; *Edouard de Roux, Grivet aîné, Jean-Antoine Bret*, notaire royal ; *François Cartier, Isidore de Vaumale, Jacques Tardieu, Claude-François Barne*, notaire royal ; *Joseph Cartier, Jassudu Millaud, François Farjier, Barberin fils, Anez fils, Jacques Morand, Victorin Cartier, Pepin père, Jean-André Alloué, Xavier Lombard, Benoît Mauche, Jean Juramy*, et *Pierre-Louis Evrard*, avocat et avoué.

Un jeune enfant de cinq ans, le fils de M. le Chevalier Mourret, a supplié ensuite S. A. R. de vouloir bien offrir, au nom de tous les enfans de la ville, à Mgr. le Duc de Bordeaux, le cordon de Chevalier de la Tarasque, avec ses attributs aux armes de la ville, offre que S. A. R. a daigné agréer. Sa voiture, escortée alors des

Chevaliers de la Tarasque, de la garde nationale, précédée et suivie d'un cortége de toutes
les Autorités civiles, judiciaires et militaires,
et de toute la population qui ne cessait de faire
entendre les cris de *vive le Roi! vive Madame!*
est arrivée à l'esplanade de la Charité, où un
groupe de jeunes demoiselles, les unes vêtues en
blanc et les autres en costume du pays, tenant
toutes un bouquet de fleurs à la main, présenta
leurs vœux et leurs hommages à S. A. R. au
moment où elle descendit de voiture, et la con-
duisit au prie-dieu qui était placé au bas de l'autel,
élevé en face de la croix de la mission. La fille
de Louis XVI, prosternée et humiliée au pied
des autels, et recevant la bénédiction du très-
saint Sacrement devant une population de plus
de 20,000 âmes, a été un spectacle qu'aucune
expression ne saurait décrire et qui restera gravé
dans tous les cœurs. Après cette cérémonie reli-
gieuse, S. A. R. a été suppliée de s'arrêter un
instant sur le Cours, pour voir les jeux de la
course de la Tarasque et de l'Eturgeon, ce qui
a été exécuté avec l'adresse accoutumée de MM.
les Chevaliers de la Tarasque et des Marins.
Madame a continué sa route alors, et s'est ache-
minée vers le pont du Rhône, suivie de toute
la foule qui répétait sans cesse : *vive le Roi!
vive Madame!* et où un arc de triomphe avait
été élevé portant cette inscription si bien choisie
pour la circonstance et le lieu qui forme les limites de la Provence.

> L'airain balancé dans les airs,
> Même après son repos transmet un bruit sonore;
> Même après son départ, des souvenirs si chers
> Sauront nous consoler et nous charmer encore.

Le passage du Rhône, sur le pont de bateaux
qui communique de Tarascon avec Beaucaire,

a été exécuté à quatre heures précises par S. A. R., accompagnée des vœux et des regrets de tous les habitans de la ville et de la contrée, naguères si contens et si heureux de jouir de son auguste présence; mais dans ce moment, réunis sur les rives d'un fleuve qui, depuis Annibal, Scipion, Charlemagne et Saint Louis, n'avait point porté de plus grand personnage historique; réunis, dis-je, pour faire leurs adieux, la larme à l'œil, à une Princesse dont chaque pas est un bienfait, chaque parole un encouragement à la vertu et chaque don une consolation pour l'infortune.

Ainsi, c'est en loyaux et fidèles royalistes que les Tarasconais ont acquitté la lettre de change d'enthousiasme, d'amour des Bourbons et de gaîté publique, que les Provençaux, et surtout les Marseillais, avaient tirée sur eux, pour célébrer dignement le passage de la Princesse et l'instant où elle ne toucherait plus de son pied royal le sol brûlant de la fidélité et les terres du bon Roi René, si embrasées du véritable esprit monarchique.

En ajoutant ici de nouveaux détails à la narration historique des fêtes qui ont eu lieu en Provence, lors du voyage de S. A. R. MADAME, Duchesse d'Angoulême, au lieu de me borner seulement à celles qui lui ont été données à Marseille, je complète un tableau qui ne pourra que plaire à tous les Provençaux fidèles et dévoués à la cause sacrée des Bourbons. Si, comme le dit Horace en parlant d'un de ses ouvrages, je ne puis prétendre avoir élevé, comme ce poète immortel, un monument plus durable que l'airain, j'ai du moins payé, dans cette circonstance, la dette de mon cœur avec zèle et enthousiasme, en consignant, sur quelques feuilles légères, l'expression de mes sentimens et le récit des fêtes publiques qui ont eu lieu depuis les bords du Var jusqu'à ceux du Rhône, à l'occasion du voyage d'une illustre Princesse, si chérie des fidèles Provençaux. Comment, en effet, aurai-je pu ne pas écrire avec chaleur, lorsque toutes les âmes étaient si vivement électrisées par la proclamation du premier Magistrat du département, annonçant à la ville excellente et fidèle qu'elle serait honorée de la présence de MADAME. Lorsque S. A. R. fit son entrée, elle avait interdit toutes les harangues; mais ayant pu nous procurer celle que M. le Préfet avait l'intention de prononcer, nous l'insérons ici. L'histoire réclame l'insertion de ce discours, qui, prononcé au milieu des cris de joie et d'enthousiasme d'une immense population, devait si bien exprimer les sentimens honorables dont nous étions animés.

MADAME,

La restauration du trône de Saint Louis et de Henri IV fut, pour la France toute entière, le gage de la paix et de la prospérité, dont un Souverain légitime peut seul faire jouir les peuples que la Providence a confiés à son gouvernement.

Mais ce mémorable événement, MADAME, ce miracle que le Ciel nous accorda pour mettre un terme à tant de calamités, fut célébré dans cette grande et belle ville, et dans le département des Bouches-du-Rhône, avec une vivacité, une alégresse, une franchise, un enthousiasme, une unanimité, qui annonçaient assez que les Marseillais, que les Provençaux, pour qui l'amour des Bourbons est un sentiment national, venaient de recevoir une nouvelle vie.

Lorsque ces élans de la joie publique formèrent le plus bel ornement de la marche vraiment triomphale de nos Princes, parcourant les bords de la Durance et les rives de la Méditerranée ; lorsqu'un dévouement et une fidelité, auxquels les conjonctures les plus critiques, n'ont fait qu'ajouter de nouvelles forces, leur furent offerts comme l'hommage le plus digne de leurs âmes généreuses ; pourraient-ils ne pas être portés au plus haut degré ces nobles sentimens, MADAME, quand ils ont à se manifester devant la fille de nos Rois, devant l'auguste épouse du Prince qui, à la tête de nos braves, voit fuir devant son panache blanc l'hydre des révolutions?

Ce jour, où Marseille heureuse et reconnaissante, peut vous adresser ses hommages et ses bénédictions, MADAME, sera l'un des plus beaux qui aient pu luire sur les habitans de cette cité.

Fidèle interprète de sa population, j'ose assurer V. A. R. que jamais ici on ne verra se refroidir le dévouement et le zèle, l'amour et le respect, tous les sentimens, enfin, dont nos cœurs sont embrasés pour la personne sacrée du Roi, pour la vôtre, MADAME, et celle des Princes de la Famille royale.

Vive le Roi!

Vive MADAME!

Vive la Famille royale!

F I N.

MARSEILLE , imprimerie d'ACHARD , rue St-Ferréol , n° 64.